À Geoffroy et à *L'Homme qui plantait des arbres*.
S. B.

À Georges Lemoine pour les pique-niques à Gargilesse.
J.-M. P.

300, rue Léon-Joulin, 31101 Toulouse Cedex 9, France.
Création graphique : Graphicat

Loi 49.956 du 16 juillet 1949 sur les publications destinées à la jeunesse.
Dépôt légal : 3e trimestre 2010
ISBN : 978-2-7459-4241-8
Imprimé en Slovénie par DZS Grafik

Sigrid Baffert

Jean-Michel Payet

DANS LA TÊTE DE MONSIEUR ADAM

(ou comment naissent les histoires)

MILAN
jeunesse

Ce matin, monsieur Adam lave sa voiture à la station-service.
Il est de mauvaise humeur parce que ses chaussures neuves
lui font mal aux pieds.

ADA

Monsieur Adam s'empare de l'éponge qui trempe dans le seau,
mais elle est sale et, au lieu de nettoyer, sur la carrosserie elle laisse ça :

Monsieur Adam contemple la trace.
Soudain, il se sent bizarre.
Quelque chose se prépare, il le sait.

Ça le prend comme ça, n'importe où.

À la caisse du supermarché,

sous la douche,

devant une jolie fille,

sur le plongeoir de la piscine,

dans l'ascenseur,

au feu rouge,

chez le dentiste,

à la station-service,

monsieur Adam ne peut jamais prévoir.

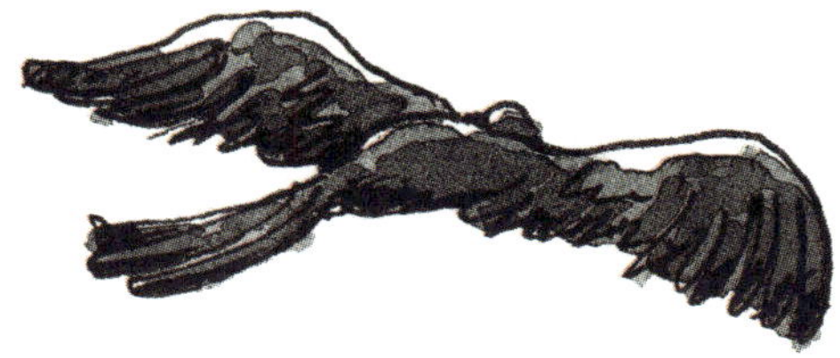

Tout à coup, il se sent plume et caillou à la fois.
Il a l'impression d'avoir des bulles de limonade dans la tête.
« Ouh, se dit-il, je sens que je tiens un bout d'histoire. »

Monsieur Adam est écrivain.

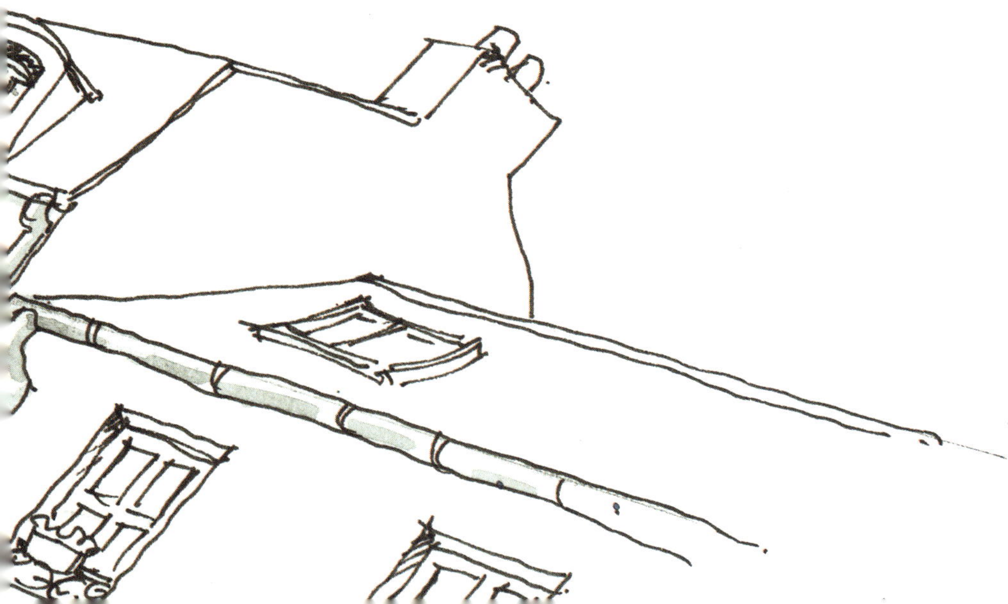

Monsieur Adam rince l'éponge, puis savonne sa voiture.
Ça mousse, ça mousse.
Monsieur Adam s'arrête et observe autour de lui.
Il absorbe tout, comme l'éponge.
Dans la tête de monsieur Adam, ça mousse aussi.
Tout se mêle.

L'odeur d'huile et d'essence,
la chevelure rouge d'une jeune fille en rollers,
un sac plastique accroché à une branche d'arbre,
l'aboiement rauque d'un gros chien jaune,
la trace noire qui s'étale sur la carrosserie.

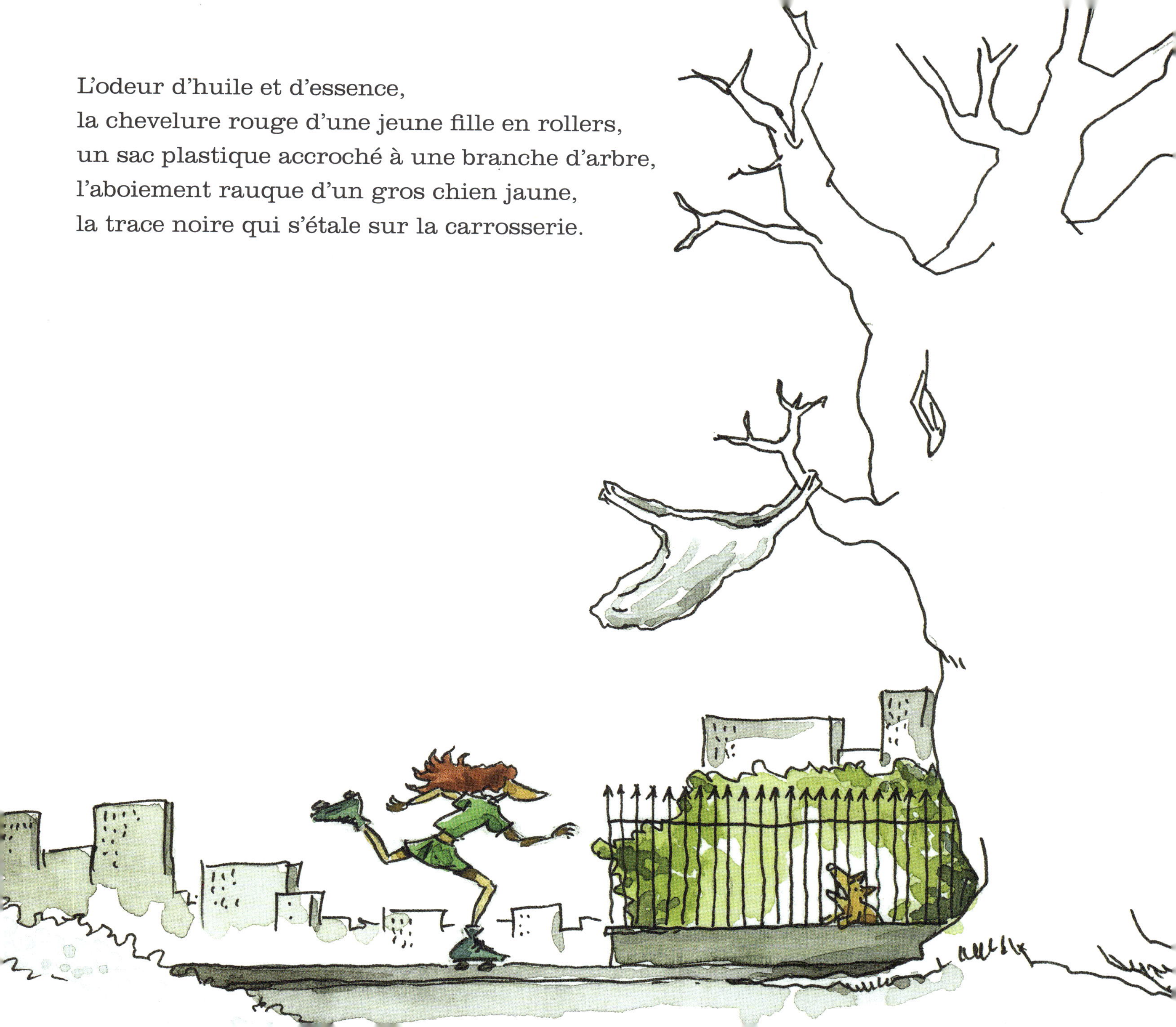

« Une trace », se répète monsieur Adam
en trempant distraitement
sa manche dans le seau.
Dans la tête de monsieur Adam se forme
un drôle de grumeau qui
gonfle, gonfle, puis dégonfle
comme un ballon avant d'exploser
– « Big-bang » – et de donner naissance
à une idée avec un grand **i**.

C'est un bébé histoire.

Monsieur Adam ne voit pas la manche de son pull qui dégouline,
vite vite,
il monte dans son auto encore pleine de savon et démarre,
vite vite,
il rentre chez lui, il ne prend même pas le temps d'ouvrir son courrier (il n'y a que des factures),
vite vite,
il envoie valser ses chaussures neuves,
vite vite,
il croque une barre de chocolat,
vite vite,
il s'assied à son bureau,
vite vite,
il prend un cahier, un crayon et une gomme !

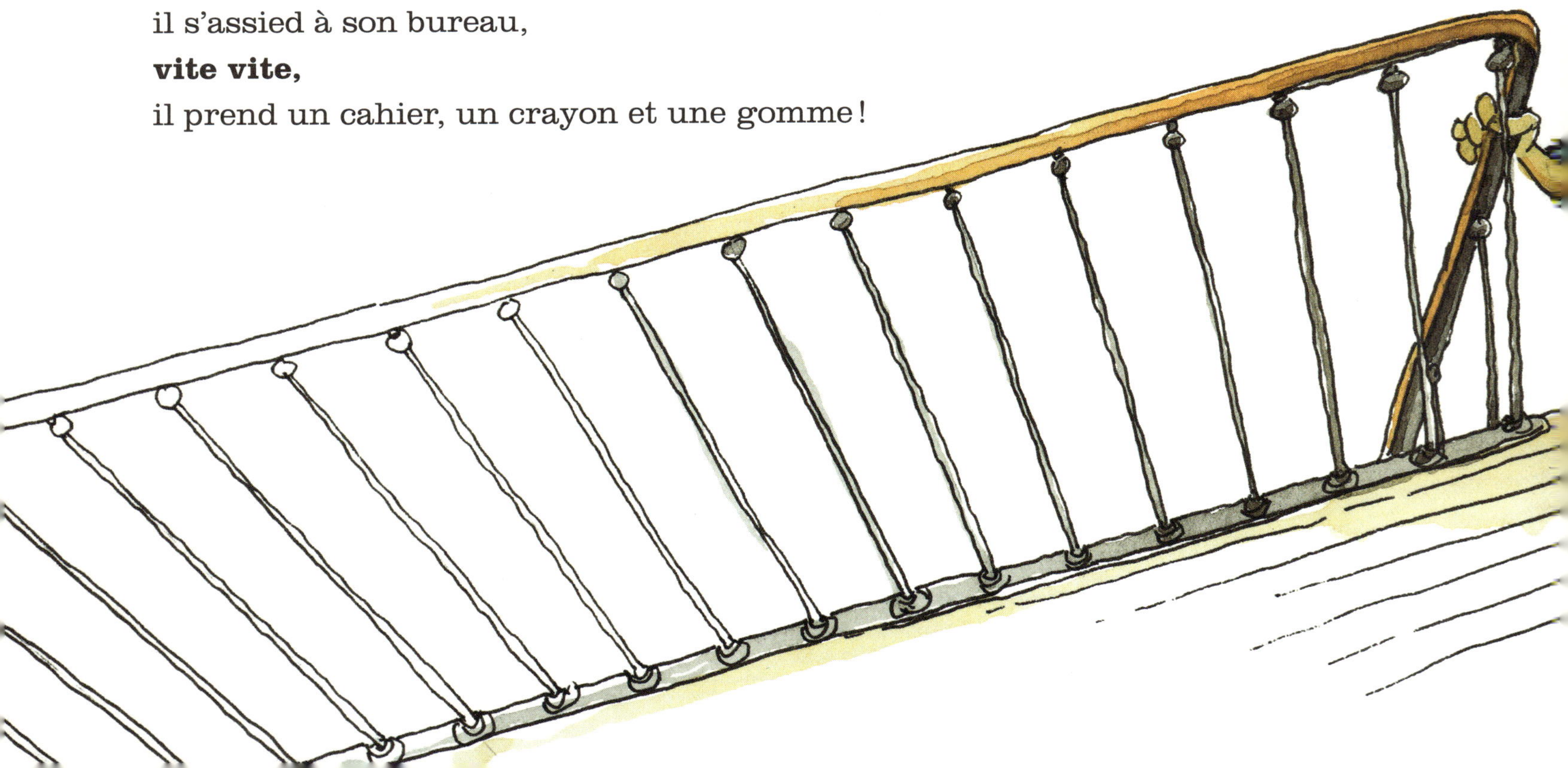

ADAM

Monsieur Adam n'entend plus
les bruits de la ville au-dehors.
Il n'entend plus sa voisine
qui bricole à l'étage au-dessus,
il n'entend plus la radio
qui ronronne dans la cuisine,
il ne pense plus à ses ampoules
aux pieds.
Car, dans la tête de monsieur
Adam, les mots-bulles moussent
encore :
arbres… savon… éléphant…
trace… océan… eau…
noir… rouge… cri… chien…
plastique… pieds…

plastique

trace
savon
arbres
eau
éléphant
noir
océan
rouge
cri
chien
pieds

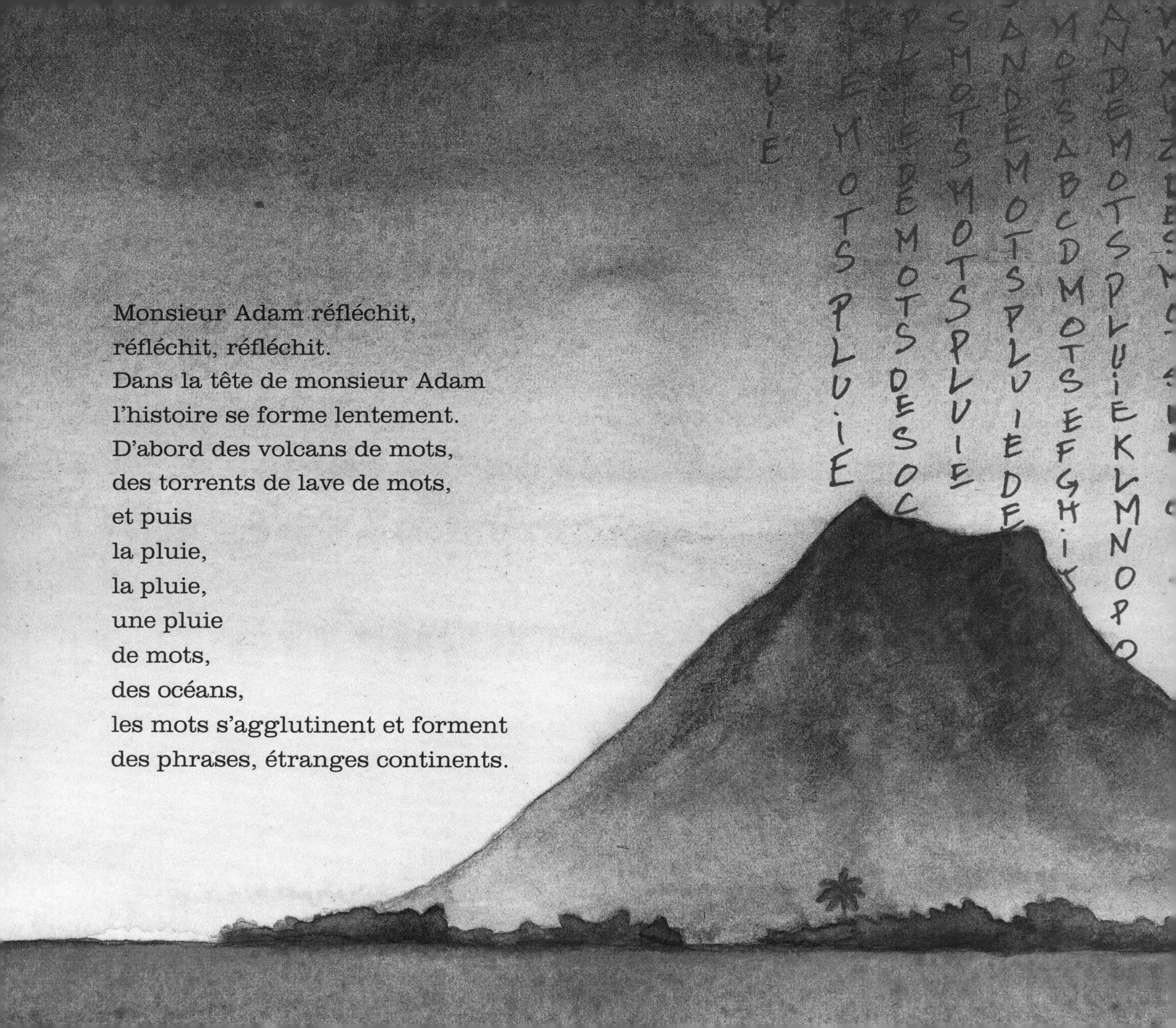

Monsieur Adam réfléchit,
réfléchit, réfléchit.
Dans la tête de monsieur Adam
l'histoire se forme lentement.
D'abord des volcans de mots,
des torrents de lave de mots,
et puis
la pluie,
la pluie,
une pluie
de mots,
des océans,
les mots s'agglutinent et forment
des phrases, étranges continents.

OTSUNOCÉANDESOCÉANSDEMOTS
TORRENTDELAVEDEMOTSPLUIE
IEPLUIEDEMOTSPLUIEDEMOTS
DEFGHIJKLMNOPQRSTUVWXYZ
MOTSSIAGGLUTINENTUNOCEAN
CANDEMOTSDESPHRASESMOTS
MOTSFORMENTDESPHRASESPHRASES
ANGESCONTINENTSLESPHRASES
LUIELAPLUIELAPLUIELAPLUIE
PLUIEDEMOTSDESOCÉANSDEMOTS
MOTSDESMOTSDESMOTSDESMOTSPLUIE
PHRASESÉTRANGESCONTINENTS
LUIEPLUIEPLUIELAPLUIELAPLUIE
DEFGHIJKLMNOPQRSTUVWXYZPLUIE
MOTSMOTSMOTSMOTSMOTSMOTS
IEDEMOTSUNOCÉANDEMOTSPLUIEMOTS
ANSDEMOTSÉTRANGESCONTINENTS
MOTSIAGGLUTINENTETFORMENT
HRASESÉTRANGESCONTINENTSMOTS
DEFGHIJKLMNOPQRSTUVWXYZPHRASES
MOTSMOTSMOTSMOTSMOTSMOTSMOTS
PHRASESÉTRANGESCO

« Crouiiic » : l'estomac de monsieur Adam gargouille.
Écrire, ça lui donne faim : il décide de faire un tour du côté du frigo.
Puis il retourne à son bureau en grignotant un reste de gigot.
Au passage, il lance le programme *trente degrés couleurs délicates*
de son lave-linge.

Dans la tête de monsieur Adam,
les idées tournent plus vite
que le tambour de la machine à laver.
Il se remet à écrire. Où en était-il ?
Machine à laver…
Ah oui : eau… océans…

Sur son cahier, il griffonne.
Il cherche ce qui se cache derrière la trace.

Des vers marins,

des poissons,

des poissons-pattes,

qui sortent des océans.

« Non, ce n’est pas ça… »,
se dit monsieur Adam tout en continuant à gribouiller
des iguanes,
des tortues,
des dinosaures.

La gomme de monsieur Adam s’abat sur le cahier et efface tout.
Monsieur Adam arrache sa page et la chiffonne.
Il a besoin de prendre l’air.

Il enfile ses vieilles baskets et file au jardin d'enfants.

CHEZ ÈVE
NEW

Au jardin, un petit garçon s'élance à quatre pattes derrière un pigeon.
Près du toboggan, deux enfants jouent au ballon.
Soudain le ballon va se nicher dans un arbre.
La fillette secoue le tronc pour le faire redescendre, en vain.
Monsieur Adam se lève de son banc et agite les branches.
Le ballon retombe enfin et rebondit, sous les cris joyeux des enfants.

Monsieur Adam rentre chez lui (pas trop vite, à cause de ses ampoules)
et s'installe de nouveau à son bureau.

CHEZ ÈVE
ADAM
SIL
BLUE C
OÉ
SPOCK
NEU

Dans la tête de monsieur Adam, des hommes apparaissent.
D'abord mi-hommes mi-singes, ils se déplacent à quatre pattes.

Puis ils se redressent et marchent debout.
Ils secouent les arbres pour en faire tomber les fruits.

La sonnerie du téléphone tire monsieur Adam de ses pensées.
C’est Julie qui l’invite à dîner chez elle jeudi soir.
« Tu aimes les mirabelles ? », lui dit-elle. « J’en ai ramassé
au moins deux kilos chez mon père…
Je nous préparerai une tarte ! »
Monsieur Adam est heureux.
Il va voir sa Julie jeudi.
« Deux kilos de mirabelles, deux kilos… »,
chantonne-t-il en se remettant à écrire.

Monsieur Adam
écrit, étend son linge,
écrit, mange un steak brûlé,
écrit, regarde le soleil rougeoyer,
écrit longtemps longtemps,
et décide d'aller se coucher.

« Aïe ! », grogne monsieur Adam en se levant de sa chaise.
À force de rester assis, il a des fourmis dans les jambes.
Il boitille jusqu'à la salle de bains et empoigne sa brosse à dents.

BISOUX!

La nuit, l'histoire mijote toujours dans la tête de monsieur Adam.
Des hommes-singes courent dans ses rêves et se réfugient dans une grotte.
Les voilà prisonniers d'un gigantesque incendie.

Au matin, monsieur Adam ouvre un œil et prépare son petit-déjeuner.
Avec sa cuillère, il touille son café, il est distrait.

Il touille tellement qu'il a l'impression de touiller aussi ses idées.

Trace… premiers hommes… deux kilos… grotte… incendie… boiter…

Dans la tête de monsieur Adam naît une tribu entière.
L'un des hommes a une jambe plus courte que l'autre, il boite,
mais il est rusé et inventif : il frotte deux silex l'un contre l'autre,
faisant jaillir une étincelle… dans la tête de monsieur Adam !

deux kilos…

trace...

incendie...

grotte...

premiers hommes...

boiter...

« Je vais l'appeler Kilo… Kilo…
je vais l'appeler Kiloé, tiens »,
décide monsieur Adam.
Le voilà, le personnage principal de l'histoire :
le petit boiteux !

Dans la tête de monsieur Adam, les hommes de la tribu
de Kiloé le Boiteux chassent et pêchent.
Ils sont de plus en plus habiles, ils ont domestiqué le feu
et fabriquent des outils.
Ils habitent dans une grotte.

Assis à son bureau, monsieur Adam allume la radio.
Aux informations, on annonce qu'un lion s'est
échappé du zoo.

Dans la tête de monsieur Adam, Kiloé le Boiteux
parvient à combattre seul un lion-sabre.
Les membres de sa tribu sont fiers de lui et dansent
autour du feu.

Monsieur Adam
écrit, corrige, écrit, corrige,
écrit, corrige, écrit encore,
corrige encore, sa feuille est couverte de ratures.

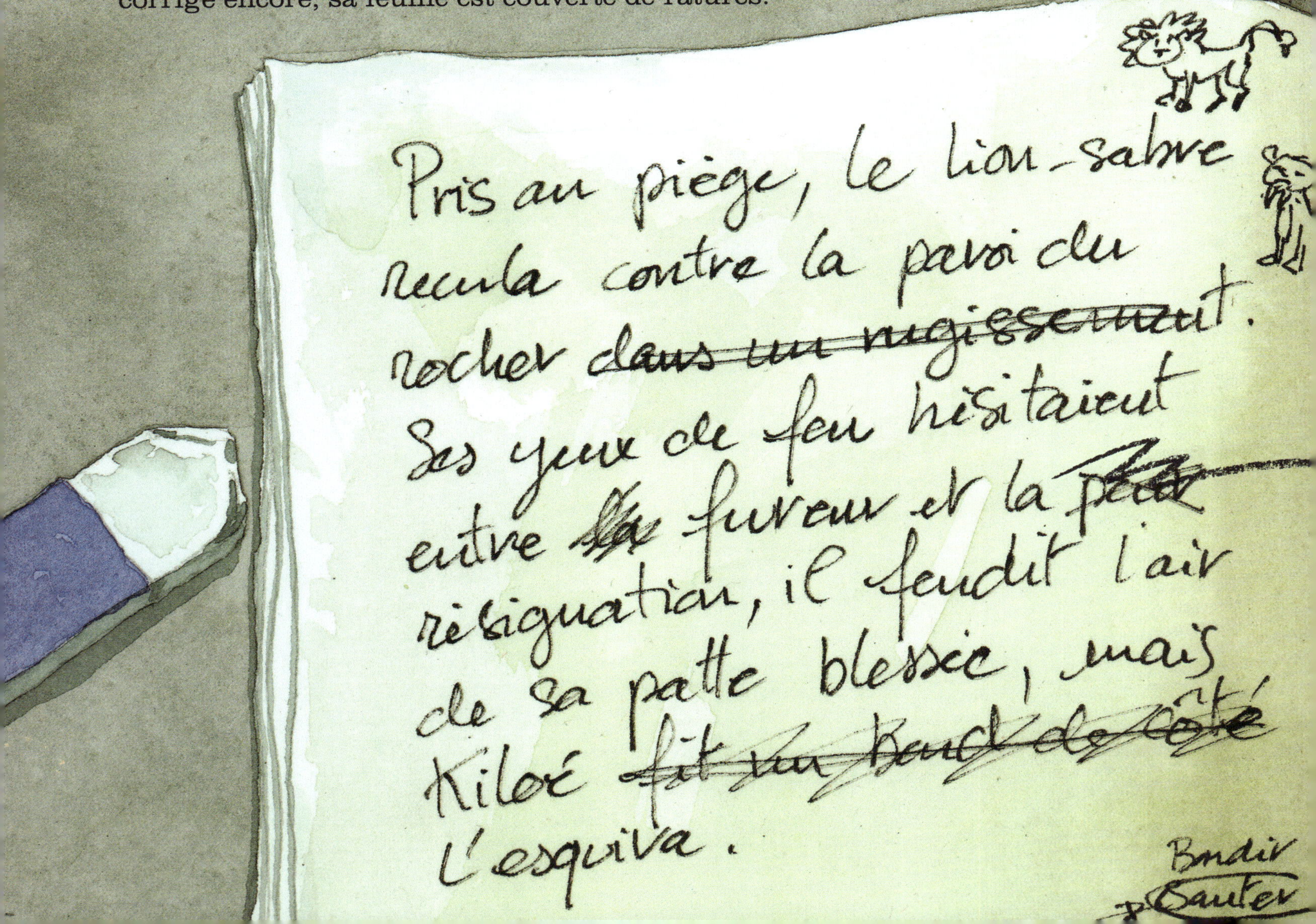

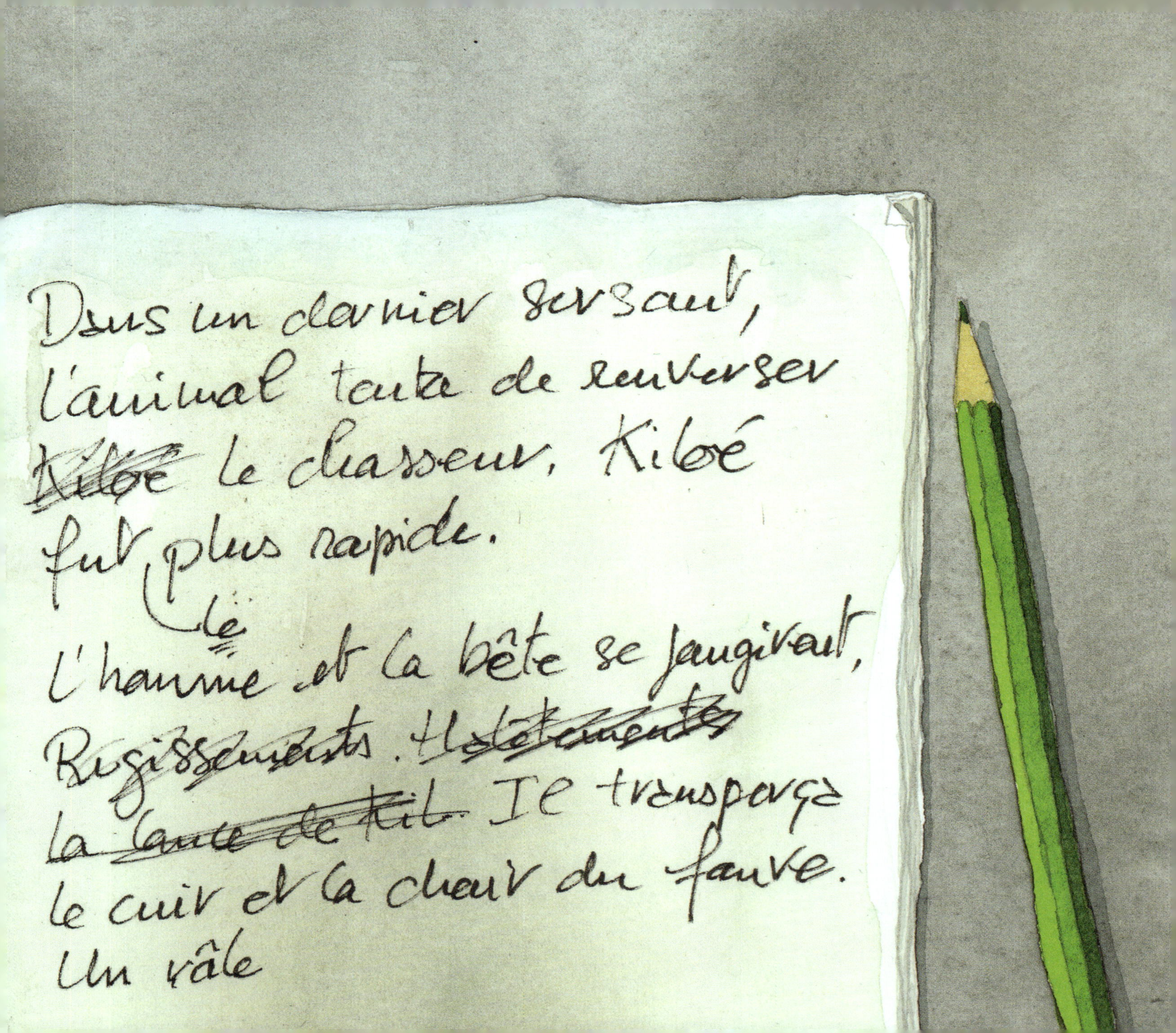
Dans un dernier sursaut,
l'animal tenta de renverser
~~Kiboé~~ le chasseur. Kiboé
fut plus rapide.
L'homme et la bête se jaugirent,
Rugissements. ~~Halètements~~
~~La lance de Kib.~~ Il transperça
le cuir et la chair du fauve.
Un râle

Des ratures…

Dans la tête de monsieur Adam,
Kiloé le Boiteux saisit un morceau de viande oublié
au milieu des braises.
Mais ce n’est pas du gigot, c’est un bout de bois calciné.
Kiloé frotte le bois brûlé contre la pierre, et, oooh…
il laisse une longue trace noire !

Une trace…

Monsieur Adam sourit.
Il la tient enfin, son histoire !
Elle était là, blottie au creux de son imagination depuis la veille, à la station-service…

Dans l'histoire de monsieur Adam, Kiloé brandit son morceau de bois noir
et trace un trait sur l'une des parois de la grotte.
Il dessine un homme avec une jambe plus courte que l'autre,
un homme qui chasse un lion-sabre.

Kiloé est le premier illustrateur de l'humanité,
Kiloé le Boiteux, qui a combattu le lion-sabre.
Grâce à la trace laissée par le morceau de bois brûlé,
toutes les tribus connaîtront les exploits de Kiloé.
Monsieur Adam repose son crayon sur son cahier.
Il reste un instant songeur.

Il n'écrit pas le mot *Fin*, car ce n'est pas ici que son histoire se termine.
Comme celle de Kiloé, comme son histoire d'amour avec Julie,
elle ne fait que commencer.
Monsieur Adam va encore écrire, raturer, réécrire, raturer, réécrire, raturer…
Un jour, peut-être, l'histoire deviendra un livre.

Un jour, peut-être, un enfant le lira…

ADAM
KILOF